Rymowanki polskie
dla dzieci

Bawimy się w rymy

Cha, cha, cha!
Pchła pchłę pchła

Szły pchły koło wody.
Pchła pchłę pchła do wody.
A ta pchła płakała,
że ją pchła wepchała.

***

Beksa lala
pojechała
do szpitala.
A w szpitalu
powiedzieli,
takiej beksy
nie widzieli.

***

Jedzie, jedzie pan, pan
na koniku sam, sam.
A za panem chłop, chłop,
na koniku hop, hop.
A za panem fryc, fryc
na koniku hyc, hyc.
A za frycem dziewczyneczki,
pogubiły patyneczki.

Bawimy się w rymy

Sroczka gotuje i znika – cztery wersje wierszyka

Sroczka kaszkę warzyła, warzyła, warzyła,
dzieci swoje karmiła, karmiła, bęc.
Pierwszemu dała na miseczce,
drugiemu dała na łyżeczce,
trzeciemu dała w garnuszku,
czwartemu dała w dzbanuszku,
a piątemu łebek urwała
i frrrrrrrr ...
– odleciała.

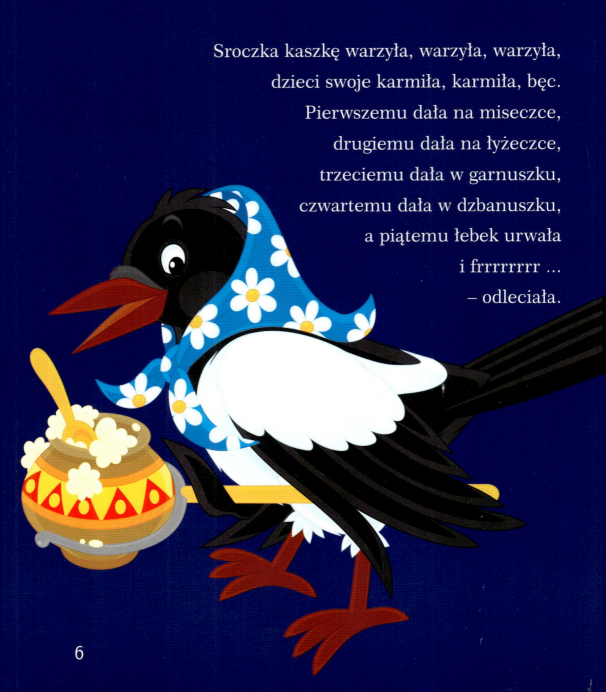

Tu sroczka kaszkę warzyła,
ogonek sobie sparzyła...
Temu dała na miseczkę,
temu dała na łyżeczkę,
temu, bo grzecznie prosił,
temu, bo wodę nosił,
a temu najmniejszemu nic nie dała,
tylko ogonkiem zamieszała,
i frrrr... poleciała
i TU się schowała!

* * *

Tu, sroczka dzieciom kaszkę warzyła.
Tu, tu ogoneczek sobie sparzyła:
Temu dała na miseczce,
temu dała na łyżeczce,
temu dała w garnuszeczek,
temu dała w dzbanuszeczek,
a temu malutkiemu nic nie dała,
tylko łepek urwała i frrr....poleciała.
Tu siadła, tu padła, tu się skryła.

Inna wersja (w gwarze ze Śląska Cieszyńskiego):

Warzyła myszyczka kaszyczke.
Jak już nawarzyła, wszystkich podzieliła.
Tymu dała, tymu też,
tymu psińco, tymu wesz,
Tymu ukrynciła głowiczke,
rzuciła pod pański stoliczek
i uciekała, uciekała
i tu sie skukała...

W pokoiku na stoliku...
i kilka innych wierszyków

Kipi kasza, kipi groch.
Lepsza kasza niż ten groch.
Bo od grochu boli brzuch,
a od kaszy człowiek zdrów.

***

Wpadła gruszka do fartuszka,
a za gruszką dwa jabłuszka.
A śliweczka wpaść nie chciała,
bo śliweczka niedojrzała!

***

Łyżka, nożyk i śliniaczek,
je śniadanie niemowlaczek.
Na śliniaczku misie siedzą,
pewnie też śniadanie jedzą.

W pokoiku na stoliku
stało mleczko i jajeczko.
Przyszedł kotek, wypił mleczko,
a ogonkiem stłukł jajeczko.
Przyszła mama, kotka zbiła,
a skorupki wyrzuciła.
Przyszedł tatuś, kotka schował,
a mamusię pocałował.

***

Chodź do mamy szybko, szybko,
jesteś mamy małą rybką.
Umyjemy nosek, nóżki,
niech zobaczą to kaczuszki.
Umyjemy mały brzuszek,
tylko nie bój się kaczuszek.
Chodź do mamy szybko, szybko,
jesteś mamy małą rybką.
Jesteś małą rybką mamy,
bo my bardzo się kochamy!

Policizymy, co się ma:
mam dwie ręce, łokcie dwa,
dwa kolanka, nogi dwie –
wszystko pięknie zgadza się.
Dwoje uszu, oczka dwa,
no i buzię też się ma.
A ponieważ buzia je,
chciałbym buzie też mieć dwie!

Bawimy się w rymy

Kocianki, czyli kocie rymowanki

Koci, koci łapci,
pojedziem do babci.
Babcia da nam mleczka,
będzie mleczka pełna beczka.

Koci, koci łapci, jedziemy do babci.
Babka da nam mleka, a dziadek piernika.

***

Cztery łapki, w nich pazurki, lubię zbiegać prosto z górki.
Tulić, łasić się, przymilać, po gałązkach też się wspinać.
Piję mleczko, bardzo zdrowe, by wieść życie kolorowe.
Kto ja jestem? Bardzo proszę: Kotek! Takie imię noszę!

Były sobie raz kotki:
jeden ładny, lecz z szafek wyjadał łakotki.
Drugi brzydki, bury,
ale płoszył szczury.
Powiedzcie mi dzieci, którego wolicie?
Burego! Burego! – O, dobrze robicie!
Bo ten godzien przychylności,
kto dopełnia powinności.
A bardzo nieładnie,
kiedy kotek kradnie.

(Stanisław Jachowicz)

Opowiem ci bajkę,
jak kot palił fajkę.
A kocica papierosa,
upaliła kawał nosa.
Prędko, prędko po doktora,
bo kocica bardzo chora.
Przyszedł doktor z wielkimi okularami,
a kocica pod fajerami.
Przyszedł doktor z wielkim brzuchem,
a kocica pod kożuchem.
Przyszedł doktor z nożycami,
a kocica z kociętami.
Przyszedł doktor z lekarstwami,
a kocica z pazurami.
Doktor mówi: „Co to? Co to?"
Wziął za ogon, rzucił w błoto.

Opowiem ci bajkę, jak kot kurzył fajkę,
a kocica papierosa, upaliła kawał nosa.
Prędko, prędko po doktora, bo kocica bardzo chora.
A doktor był pijany,
przylepił się do ściany,
a ściana była mokra,
przylepił się do okna,
a okno było duże
i wypadł na podwórze.
W podwórzu były dzieci,
wrzuciły go do śmieci,
a w śmieciach były koty,
podarły mu galoty.

***

Kizia, Mizia,
gdzieś ty była?
W komóreczce, na miseczce
mleczko sobie piłam.
A mnie nic nie zostawiłaś?
A ty! A ty! A ty!

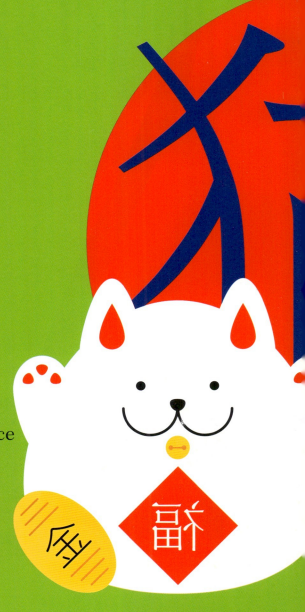

Bawimy się w rymy

Nazwiska Japończyków trafiły do wierszyków

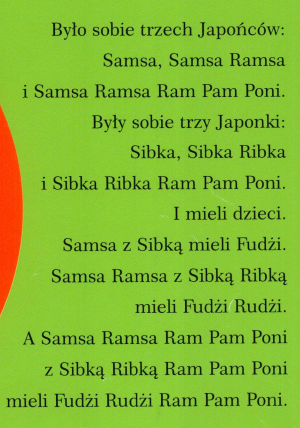

Było sobie trzech Japońców:
Samsa, Samsa Ramsa
i Samsa Ramsa Ram Pam Poni.
Były sobie trzy Japonki:
Sibka, Sibka Ribka
i Sibka Ribka Ram Pam Poni.
I mieli dzieci.
Samsa z Sibką mieli Fudżi.
Samsa Ramsa z Sibką Ribką
mieli Fudżi Rudżi.
A Samsa Ramsa Ram Pam Poni
z Sibką Ribką Ram Pam Poni
mieli Fudżi Rudżi Ram Pam Poni.

***

Byli, żyli trzej Japońcy: Jahcy, Jahcy Drahcy,
Jahcy Drahcy Droni.
Były, żyły Japonki. Szybka, Szybka Drybka,
Szybka Drybka Limpomponi.
Dzieci mieli znowu tak:
Jahcy z Szybką – Szach.
Jahcy Drahcy z Szybką Drybką – Szach Mat,
a Jahcy Drahcy Droni z Szybką Drybką Limpomponi –
Szach Mat Szachszaroni.

Było trzech Kitajców: Jak, Jak-Cytrak, Jak-Cytrak-Cytroni.
I były trzy Kitajki: Cypi, Cypi-Drypi
i Cypi-Drypi-Limpamponi.
I oni się pobrali.
Jak i Cypi.
Jak-Cytrak i Cypi-Drypi.
Jak-Cytrak-Cytroni i Cypi-Drypi-Limpamponi.
I oni mieli dzieci:
Jak i Cypi: Fu.
Jak-Cytrak i Cypi-Drypi: Fu Czifu.
Jak-Cytrak-Cytroni i Cypi-Drypi-Limpamponi: Fu Czifoni.

Idzie, idzie....

Idzie, idzie stonoga, a tu... noga.
Idzie, idzie malec, a tu... palec.
Idzie, idzie koń, a tu... dłoń.
Idzie, idzie krowa, a tu... głowa.
A na końcu leci kos, a tu... nos!
(w miejsce kropek wstawiamy imię dziecka)

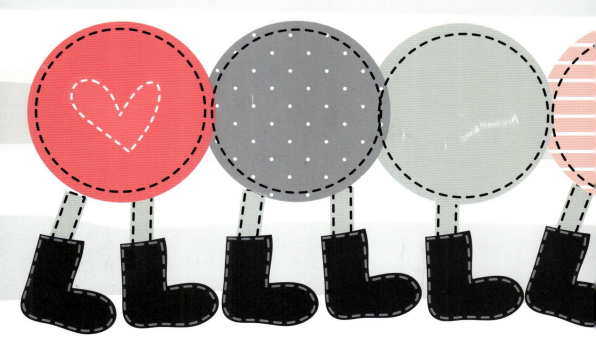

***

Idzie myszka do braciszka.
Tu zajrzała, tu wskoczyła,
a na koniec TAM się skryła.

***

Szła czapla na wysokich nogach
po czerwonej desce,
powiedzieć ci jeszcze?

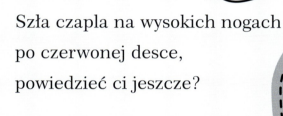

Idzie pani tup, tup, tup,
dziadek z laską stuk, stuk, stuk.
Skacze dziecko hop, hop, hop,
żaba robi dłuuugi skok!
Wieje wietrzyk fiu, fiu, fiu,
kropi deszczyk puk, puk, puk.
Deszcz ze śniegiem chlup, chlup, chlup,
a grad w szyby łup, łup, łup!
Świeci słonko, wieje wietrzyk,
pada deszczyk...
Czujesz dreszczyk?

* * *

Idzie rak, idzie rak,
czasem naprzód, czasem wspak.
Idzie rak, nieborak,
jak uszczypnie, będzie znak!

* * *

Idzie rak, nieborak,
jak uszczypnie – będzie znak!

Jedziemy na wycieczkę,
bierzemy misia w teczkę.
A misiu, jak to misiu,
narobił w teczkę siusiu.

Rymowanki o zwierzakach: osach, żuczkach i ślimakach

Lata osa koło nosa.
Lata mucha koło ucha.
Lata bąk koło rąk.
Lata pszczoła koło czoła.
Lata mucha koło brzucha.
Pełznie gąsieniczka dokoła policzka.

Bierzemy muchy w paluchy,
robimy z muchy placuchy,
kładziemy placuchy na blachy
i mamy radochy po pachy!

***

Poszedł żuczek za chałupkę,
zdjął majteczki, zrobił kupkę.
I przyglądał się tej kupce,
jaki ciężar nosił w pupce!
– Żuczku, żuczku, coś ty zrobił?
– Jam chałupkę przyozdobił!
Bo chałupka cała biała,
czarna plamka się przydała.
Nie wiem, czy to będzie bratek,
lecz na pewno piękny kwiatek!

Pieje kogut: KUKURYKU,
wstawaj mały mój chłopczyku!
Chłopczyk rano się obudził,
patrzy, ile wkoło ludzi.
Dziękuję ci, koguciku
za to twoje KUKURYKU.

Bawimy się w rymy

Bawimy się w rymy

Raz rybki w morzu brały ślub,
chlupały sobie – chlup, chlup, chlup.
A wtem wieloryb wielki wpadł
i całe towarzystwo zjadł!

***

Drepce konik, drepce,
do stajenki nie chce!
Żeby do Ewusi podreptałby jeszcze!

***

A było to tak:
bociana dziobał szpak,
a potem szpak dziobał bociana.
A potem były jeszcze trzy zmiany.
Ile razy był bocian dziobany?

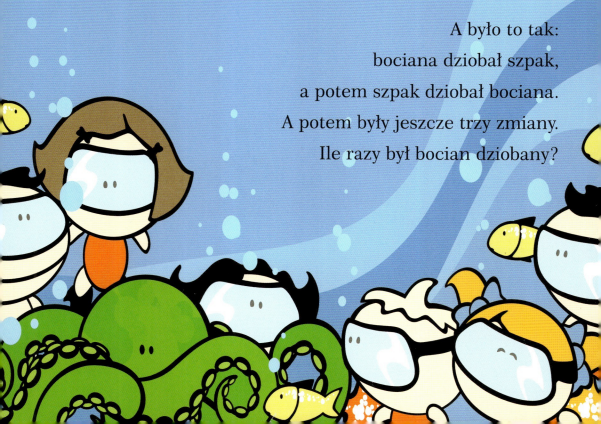

Ślimak, ślimak, pokaż rogi,
dam ci sera na pierogi,
jak nie sera, to kapusty –
od kapusty będziesz tłusty.

Posłuchaj, jak siała baba mak

Siała baba mak,
nie wiedziała, jak.
Dziadek wiedział,
nie powiedział,
a to przeklął tak.
Baba się wkurzyła
i go uderzyła.

* * *

Siała baba mak,
Nie wiedziała, jak.
A dziad wiedział,
Nie powiedział,
A to było tak:
Siała baba mak itd.

Komu, komu?
Bo idę do domu!

Kto chce, kto chce,
malowane owce?

***

Kto tam?
Hipopotam!

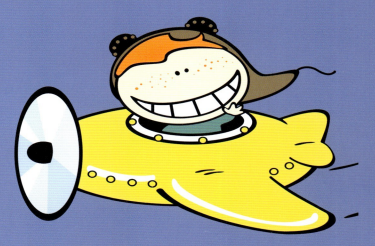

***

Co się stało? Co się stało?
Cielę oknem wyleciało.

***

Panie pilocie, dziura w samolocie!
(Wołanie za przelatującym samolotem).

Skarżypyta bez kopyta,
język lata jak łopata!

***

Lubisz dropsy? Chodź na boksy.

Bawimy się w rymy

Baloniku mój malutki,
rośnij duży, okrąglutki.
Balon rośnie, że aż strach.
Przebrał miarę – no i trach!

***

Która godzina?
W pół do komina.
Komin otwarty.
Jest w pół do czwartej.

Dobranoc, pchły na noc

Dobranoc, pchły na noc,
karaluchy do poduchy,
a słonie pod pelargonie.

***

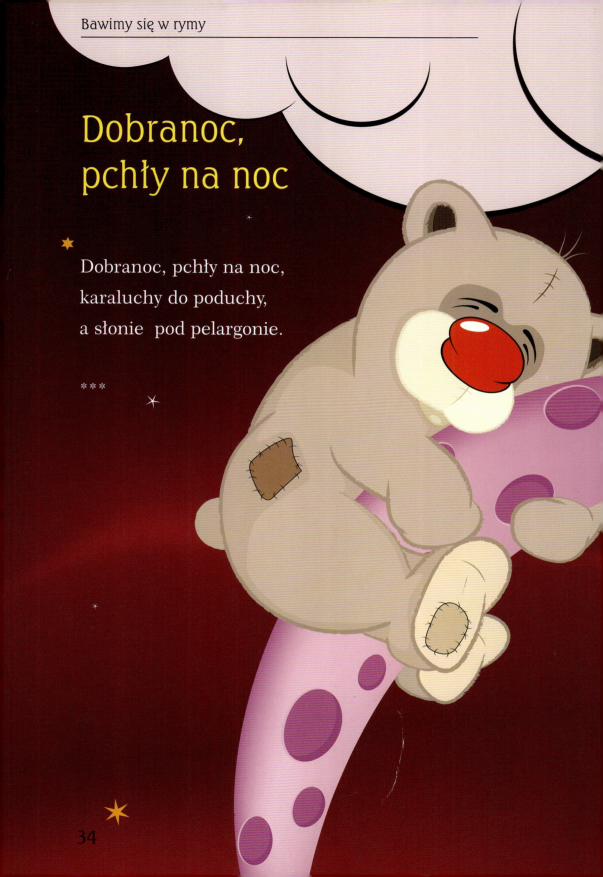

Bawimy się w rymy

Dobranoc, pchły na noc,
karaluchy do poduchy,
pawiany pod dywany,
a kaczki pod wycieraczki.

***

Dobranoc, pchły na noc,
karaluchy do poduchy,
a jak panią będą gryźć,
proszę do mnie przyjść.

Bawimy się w rymy

***

Dobranoc, pchły na noc,
karaluchy do poduchy,
a szczypawki do zabawki.

***

Dobranoc, pchły na noc
karaluchy do poduchy,
żyrafy do szafy,
a mrówki do lodówki.

***

Bawimy się w rymy

Co na wieży robi Jerzy?

Leży Jerzy na wieży i nie wierzy,
że na wieży leży gniazdo jeży.

***

Ksiądz Jerzy nie wierzy,
że w Iłży na wieży
jest gniazdo nietoperzy.

***

Obok wieży leży Jerzy
i nie czuje, że na wieży
strasznie śmierdzi ser nieświeży.

***

Leży Jerzy koło wieży
i do wszystkich zęby szczerzy.

Bawimy się w rymy

Wierszyk na czkawkę

Czkawka mnie męczy
coraz to więcej.
Pójdę do morza,
złapię węgorza.
Węgorz się zwinie,
czkawka mnie minie.

(Powiedzenie tego wierszyka na jednym oddechu podobno pozwalało na pozbycie się czkawki).

WYBÓR WIERSZYKÓW DO PAMIĘTNIKÓW

Proszę ładnie się wpisywać,
lecz karteczek nie wyrywać,
bo karteczki się gniewają,
gdy je dzieci wyrywają.

Co Ci napisać – w myślach się gubię.
Napiszę po prostu, że bardzo Cię lubię.

* * *

Gdy będziesz daleko ode mnie
i przyjdzie wieczorna godzina,
spytaj się serca, ono Ci powie,
kto Cię naprawdę mile wspomina.

Gdy masz matkę na tej ziemi,
czy bogatą, czy też biedną,
kochaj ją i szanuj,
bo masz matkę tylko jedną!

***

Gdy opuścisz szkolne mury
i w daleki pójdziesz świat,
niech ta kartka Ci przypomni
koleżankę z dawnych lat.

Gdybym była ogrodniczką,
dałabym Ci róży kwiat,
ale jestem uczennicą,
a więc życzę Ci sto lat.

* * *

Fiku-miku,
i już jestem
W pamiętniku!

Idź przez życie śmiało,
miej wesołą minkę.
Łap szczęście za ogon
i duś jak cytrynkę.

* * *

W każdym prawie pamiętniku
słodkich słówek jest bez liku.
A ja proszę skromnie:
nie zapomnij o mnie...

Ile razy, jedząc zrazy,
trafisz na cebulę,
tyle razy bez urazy
pomyśl o mnie czule.

Jak ciche potoki wody
płyną po zielonej niwie,
tak niech płynie wiek Twój młody
słodko, miło i szczęśliwie!

***

Jak ten fiołek wśród ukrycia,
ożywiony tchnieniem wiosny,
tak Ty każdy moment życia,
miej szczęśliwy i radosny.

Kto ma do mnie szczere chęci,
niech się wpisze ku pamięci,
a kto mnie miłuje,
niech coś narysuje.

***

Leciał orzeł biały
przez wysokie skały,
kazał mi się wpisać
w Twój pamiętnik mały.

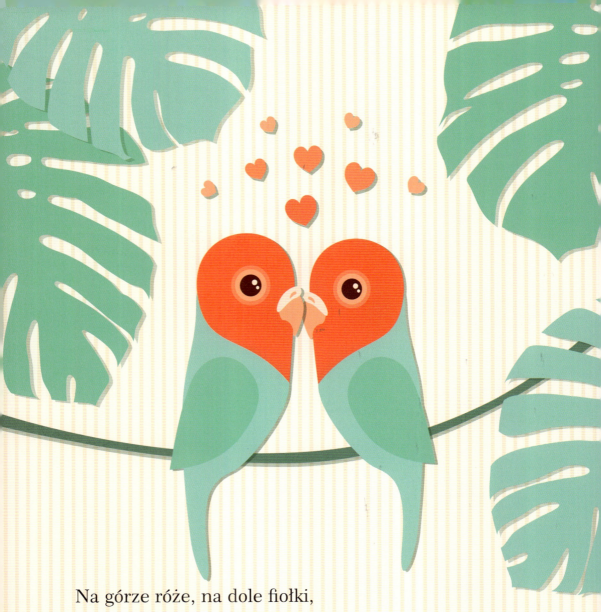

Na górze róże, na dole fiołki,
my się kochamy jak dwa aniołki.

***

Na górze róże, na dole gruszki,
my się kochamy jak dwie papużki.

Niech Cię prześladują bez miary
osy, muchy i komary,
jeśli pójdzie w zapomnienie
ten, kto pisał to wspomnienie.

Nie piszę Ci wiele,
lecz wyznam Ci szczerze:
przyjaźń trwa w sercu,
a nie na papierze.

Nie pogardzaj ubogimi,
choć jesteś bogaty,
bo nie czynią nas wielkimi
pieniądze ni szaty.

Nie sztuka być wesołym,
gdy radość wokół tryska,
lecz iść z pogodnym czołem,
gdy ból za serce ściska.

***

Nie ten, kto z Tobą się bawi,
nie ten, kto się z Tobą śmieje,
lecz ten, co z Tobą płacze,
jest Twoim przyjacielem.

***

Oczy zapomną, serce zapomni,
lecz fotografia wszystko przypomni.

Wierszyki do pamiętników

Piękna jest wiosna,
piękne jej tchnienie,
lecz najpiękniejsze
młodych lat wspomnienie.

Śmiej się przy ludziach,
płacz tylko w ukryciu.
Bądź lekką w tańcu,
lecz nigdy nie w życiu.

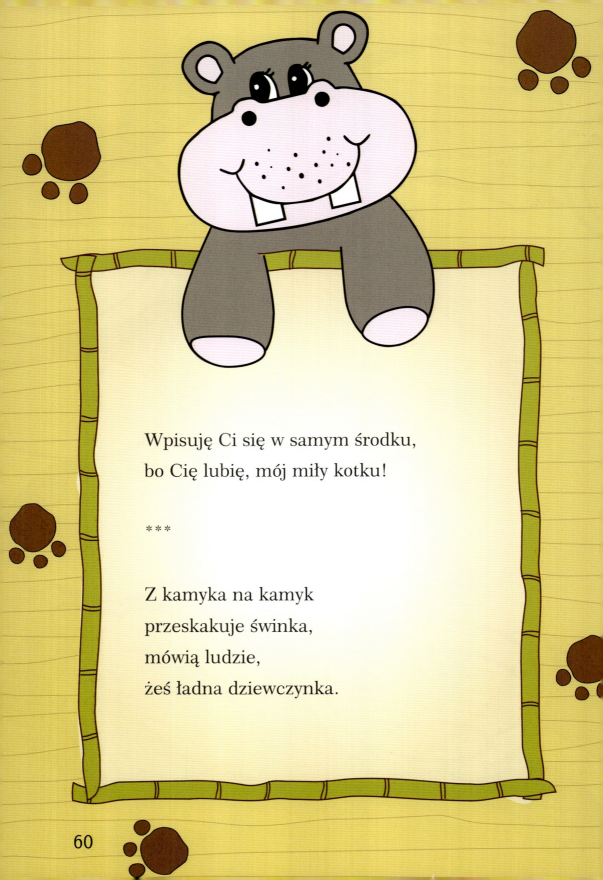

Wpisuję Ci się w samym środku,
bo Cię lubię, mój miły kotku!

***

Z kamyka na kamyk
przeskakuje świnka,
mówią ludzie,
żeś ładna dziewczynka.

Wierszyki do pamiętników

Szczęście

trwa zwykle kilka chwil

i nosi spodnie w kratkę.

Na twarzy uśmiech,

we włosach kwiat,

a w ustach czekoladkę.

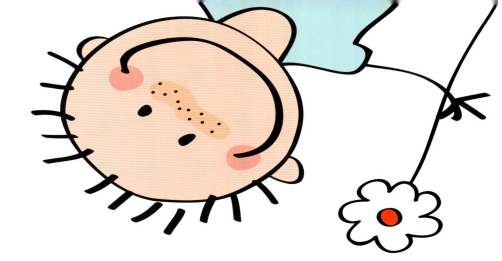

Nie jestem królewną,
nie siedzę na tronie,
dlatego wpisuję się
na ostatniej stronie.

Wybór: **Jolanta Bąk**
Projekt okładki: **Maciej Pieda**
Opracowanie graficzne i skład: **Mariusz Dyduch**

Ilustracje:

Shutterstock.com: is am are (18, 19), HelenStock (24), Alena Kozlova (2, 12, 22, 23, 28, 31, 38, 40, 42, 48, 54, 58), Teguh Mujiono (29), RomanYa (32), Liusa (34), Ann Doronina (26), Larienn (20), Aleksey Mishin (7, 62), dedMazay (8), SanjaJ (56), Claudia Balasoiu (10, 44, 46, 50, 51, 53, 60, 61), bluedarkat (14), S. Splajn (4, waihoo (16), Mamiazy (36), Anton Brand (30), shockfactor.de (39), mything (52), Bannykh Alexey Vladimirovich (6), Studio Barcelona (9), onime (5)

Wydanie I
© Copyright by Wydawnictwo Dragon Sp. z o.o.
Bielsko-Biała, 2018

Wydawnictwo Dragon Sp. z o.o.
ul. Barlickiego 7
43-300 Bielsko-Biała
www.wydawnictwo-dragon.pl

ISBN 978-83-7887-739-4

Wyłączny dystrybutor:
TROY-DYSTRYBUCJA sp. z o.o.
al. Solidarności 115/2
00-140 Warszawa
tel./faks 22 725 78 12

Oddział
ul. Kręta 36
05-850 Ożarów Mazowiecki

Zapraszamy na zakupy na:
www.troy.net.pl
Znajdź nas na:
www.facebook.com/TROY.DYSTRYBUCJA